M. DEVILLIERS & L. GIBAUX

LUNE ROUSSE

COMÉDIE EN UN ACTE

PARIS

LIBRAIRIE THÉATRALE

30, RUE DE GRAMMONT, 30

1901

LUNE ROUSSE

COMÉDIE EN UN ACTE

M. DEVILLIERS & L. GIBAUX

LUNE ROUSSE

COMÉDIE EN UN ACTE

PARIS
LIBRAIRIE THÉATRALE
30, RUE DE GRAMMONT, 30

1901

PERSONNAGES

SUZANNE.
CLÉMENCE, femme de chambre.
GONTRAN.
ISIDORE, garçon de café.
PINCHU, commissionnaire-cireur.

LUNE ROUSSE

Salon-bibliothèque. — A gauche, au premier plan, une fenêtre, au troisième plan, une porte. — A droite, au premier plan, une porte, au troisième plan, une bibliothèque. — Au fond, à droite, porte conduisant à l'office; au milieu, une cheminée avec pendule, surmontée d'une glace; de chaque côté de la cheminée un fauteuil. — A gauche, au premier plan, un canapé; derrière le canapé, un guéridon chargé de livres, d'albums et d'objets divers : coupes, statuettes, miniatures, bibelots en porcelaine. — A droite, premier plan, une table-bureau couverte de papiers et de journaux, avec un encrier très élégant et plusieurs porte-plumes. Un timbre sur la cheminée. Une chaise de chaque côté du bureau.

SCÈNE PREMIÈRE

ISIDORE, CLÉMENCE.

Debout au milieu du salon, ils s'embrassent avec des soupirs langoureux. Coup de timbre. Ils continuent à s'embrasser. Nouveau coup de timbre.

CLÉMENCE, se tournant vers la gauche.

Oui, on y va!... (A Isidore.) Crois-tu, hein? On ne peut jamais être tranquille!

ISIDORE.

Faut toujours qu'elle vous embête, celle-là!

CLÉMENCE.

Est-ce que je la dérange, moi quand elle est avec son mari?

ISIDORE.

Oh! c'est si rare!!

CLÉMENCE.

C'est vrai! mais, si elle ne veut pas de l'amour, c'est pas une raison...

ISIDORE.

Pour embêter ceux qui en veulent!... Pas? ma cocotte.

CLÉMENCE.

Oui, mon coco!

Ils se reprennent et s'embrassent.

SCÈNE II

ISIDORE, CLÉMENCE, SUZANNE, porte, troisième plan gauche.

SUZANNE.

Ne vous gênez pas!... Faites comme chez vous!

CLÉMENCE.

Madame!

SUZANNE.

J'ai sonné deux fois.

CLÉMENCE.

Que madame m'excuse, je n'ai pas entendu.

SUZANNE.

Naturellement! vous étiez si occupée!!

CLÉMENCE.

Madame comprendra!... mon mari est monté jusqu'ici en courant... on a si peu le temps de se voir
dans la journée!...

SUZANNE.

Vous avez vos nuits, ma fille, vous avez vos nuits!

ISIDORE, goguenard.

Vous êtes bien bonne, madame, mais...

SUZANNE, à Isidore.

Il y a temps pour tout... Je ne veux plus vous voir
ici, je vous l'ai répété cent fois!... C'est agaçant, à la
fin, de ne pouvoir ouvrir une porte sans trouver derrière des gens en train de s'embrasser.

ISIDORE, bas à Clémence.

Elle est jalouse!

SUZANNE.

Clémence a son service, restez au vôtre! Du reste,
je vous préviens que si vous remettez les pieds chez
moi, j'irai me plaindre à votre patron.

ISIDORE, vexé, mais digne.

C'est bien, madame, c'est bien!... (Il se dirige vers
la porte de l'office, à part.) Allez donc repeupler la
France!... Ah! M. Piot!!

SCÈNE III

SUZANNE, CLÉMENCE, ISIDORE, GONTRAN,
porte, premier plan droite.

Gontran, en pardessus, chapeau sur la tête, prêt à sortir, va
au bureau et cherche parmi les objets qui s'y trouvent.

CLÉMENCE, rattrapant Isidore par son tablier.

Bouge pas!

GONTRAN, cherchant dans son pardessus.

Ah ça! où les ai-je mis?

Suzanne devant la cheminée se regarde dans la glace en
tapotant ses frisons.

CLÉMENCE, sanglotant dans son tablier.

C'est égal, madame est bien dure!...

GONTRAN, agacé, cherchant toujours.

Quoi, qu'y a-t-il?

CLÉMENCE.

Oh! rien, monsieur.

Elle sanglote de plus belle.

GONTRAN.

Oh! rien, monsieur!... Ce n'est pas une réponse,
ça! (Désignant Suzanne d'un coup de tête.) Qu'est-ce qu'elle
vous a fait encore?

SUZANNE, se retournant, furieuse.

Monsieur!

GONTRAN.

Je ne vous parle pas, madame, je m'adresse à cette
fille.

ISIDORE, suffoqué.

Cette fille ! ma femme !

GONTRAN.

Taisez-vous, imbécile ! (A Clémence.) Enfin, m'ex-
pliquerez-vous ?...

CLÉMENCE.

C'est madame qui vient de mettre Isidore à la
porte.

GONTRAN.

Pourquoi ça ?

CLÉMENCE, larmoyant.

Parce qu'elle nous a trouvés en train de nous embrasser !... Qu'est-ce que nous faisions de mal !...
C'est mon mari, après tout !

GONTRAN.

Dame, oui ! c'est son mari après tout. Il n'y a pas
de mal à ça, au contraire. (A Suzanne.) C'est tout ce
que vous avez à leur reprocher ?

SUZANNE.

Vous trouvez que ce n'est pas suffisant ?

GONTRAN.

Je trouve... Oui, je trouve !

SUZANNE.

Naturellement !... Toujours est-il, Clémence, que
je vous défends à l'avenir de recevoir votre mari ici.

GONTRAN.

Et moi, Clémence, je vous ordonne... (A Isidore.)
Restez, mon ami.

Clémence jette un coup d'œil triomphant à Isidore.

SUZANNE, vexée.

Monsieur !...

GONTRAN, à Isidore.

Vous entendez, mon garçon, vous viendrez voir votre femme ici quand vous voudrez... toutes les fois que ça vous dira !

ISIDORE, se retirant à reculons.

Merci, monsieur !... Monsieur est bien aimable !

CLÉMENCE, même jeu.

Merci, monsieur, merci bien.

GONTRAN, avec un geste d'impatience.

C'est bon, c'est bon !...

Isidore et Clémence sortent par la porte conduisant à l'office.

SCÈNE IV

SUZANNE, GONTRAN.

Gontran reprend ses recherches sur le bureau. Suzanne, les lèvres serrées, se promène nerveusement du fond à l'avant-scène, pendant que Gontran la regarde en dessous, l'air ravi de voir sa colère.

SUZANNE.

Devant les domestiques, maintenant !.. Cela manquait !... Vous devez être content !... (Gontran abandonne ses recherches, s'assied devant le bureau sur lequel il dépose son chapeau et se met à se curer les ongles.) N'est-ce pas ?... Vous êtes content ?... (Elle vient au bureau et frappe sur les papiers qu'elle fait tomber.) Mais répondez-moi donc quelque chose !... (Gontran ramasse les papiers.) C'est pour m'exaspérer, ce que vous en faites !.. Quelle existence !... Quelle existence !!... (Elle vient s'asseoir sur le canapé.) Ah ! ma mère !... ma pauvre mère !!

GONTRAN, se levant.

Tiens !... à propos !... elle manque ici en ce moment, celle-là !

SUZANNE.

Celle-là !... qui ça, celle-là ?

GONTRAN, d'une politesse exquise.

Madame votre mère.

SUZANNE.

Que voulez-vous dire ?

GONTRAN.

Rien de plus que ce que j'ai dit !... (Narquois.) Si on la faisait venir !.. Hein !... Qu'en pensez-vous ?

SUZANNE, se levant.

J'y songeais précisément.

GONTRAN, vivement.

Ah ! par exemple, je vous le défends bien !

SUZANNE, scandant les syllabes.

Vous me le dé-fen-dez ?...

Elle passe devant Gontran, elle va au bureau, s'y installe et se met à écrire.

GONTRAN.

Qu'est-ce que vous faites ?... A qui écrivez-vous ?.. (A part.) Ce qu'elle est énervante !!... A qui écrivez-vous ? (Il va au bureau et frappe sur la table en faisant voler des papiers qui recouvraient une paire de gants blancs.) Ah ça! voulez-vous me répondre?... Vous allez me faire sortir de mon caractère...

SUZANNE.

Si vous pouviez n'y pas rentrer!... (Elle se remet à écrire. Gontran lui arrache le porte-plume, lui laissant de l'encre aux doigts.) Butor !

Elle prend les gants, s'y essuie les doigts et les jette à terre aux pieds de Gontran. Puis elle prend un autre porte-plume et se remet à écrire.

GONTRAN, ramassant les gants.

Les gants que je cherchais!.. les voilà jolis!

Voyant que Suzanne continue à écrire, il lui enlève sa feuille de papier et la froisse entre ses mains.

SUZANNE, se levant, hors d'elle.

Ah! c'en est trop!

Elle veut lui lancer une gifle.

GONTRAN, lui arrêtant le bras.

Attendez!.. le voilà!.. oui, c'est bien ça!

SUZANNE.

Qu'est-ce qui vous prend?

GONTRAN.

Il est bien décidé, n'est-ce pas, que nous nous séparons, et le plus tôt sera le mieux?

SUZANNE.

Oh! certainement.

GONTRAN.

Eh bien, voilà le moyen, le vrai, le seul...

SUZANNE.

Voyons!..

GONTRAN.

Sévices et injures graves... Vous m'administrez une gifle devant témoins, et tout est dit!

SUZANNE.

C'est cela!.. pour mettre les torts de mon côté!..
Il est joli, votre moyen!

GONTRAN.

Trouvez-en un autre.

SUZANNE.

Dans ce cas, que ce soit vous, tout au moins, qui
me donniez la gifle.

GONTRAN.

N'y comptez pas !

SUZANNE.

Il faudra cependant bien que l'un de nous deux
se décide, et, venant de vous, cela paraîtra plus na-
turel.

GONTRAN.

Merci!

Silence prolongé.

SUZANNE.

Alors!.. c'est dit, vous consentez?

GONTRAN.

Jamais de la vie!

SUZANNE, furieuse.

Par exemple!

GONTRAN.

Je ne vois pas pourquoi je vous laisserais le beau
rôle, alors que tous les torts...

SUZANNE.

Vous osez prétendre !.. Au reste, à quoi bon discu-
ter!.. j'y consens : c'est moi qui ai tous les torts.

GONTRAN.

Raillez, raillez ! vous êtes bien forcée de convenir..

SUZANNE.

C'est convenu : vous êtes charmant !

GONTRAN.

Charmant !!.. en tous cas je suis un bon garçon et si vous aviez su, ou plutôt voulu savoir me prendre...

SUZANNE.

Oui, vous êtes un incompris.

GONTRAN.

Un incompris ! vous ne croyez pas si bien dire !..

SUZANNE, allant s'asseoir sur le canapé.

Allons ! nous en avons pour un moment !

GONTRAN.

Il y a un an, lorsque nous nous sommes mariés...

SUZANNE.

Oh ! passons au déluge !

GONTRAN, sans se démonter.

Il y a un an, lorsque nous nous sommes mariés, j'étais heureux : j'avais cru rencontrer en vous la femme rêvée, celle que j'attendais !

SUZANNE.

L'âme sœur !!

GONTRAN.

L'âme sœur, comme vous le dites si bien !.. Naïf encore, je pensais que la femme avait été donnée à l'homme...

SUZANNE.

La côte d'Adam !.. connu !..

GONTRAN, imperturbable.

Avait été donnée à l'homme pour compléter un tout dont il n'était auparavant que la moitié.

SUZANNE.

Pas plus?

GONTRAN.

Et si vous voulez une comparaison qui précise ma
pensée...

SUZANNE, gouailleuse.

C'est ça, précisons!

GONTRAN, perdant le fil.

Une comparaison qui précise...

SUZANNE.

Votre pensée!!

GONTRAN, cherchant.

Qu'est-ce que je voulais dire?.. Voilà que je ne sais
plus ce que je voulais dire!

SUZANNE.

Dommage!

GONTRAN, continuant à chercher.

Avec vos interruptions continuelles!.. (Renonçant à
chercher.)... Au surplus, vous me comprenez parfaite-
ment!.. Vous savez bien que si j'ai demandé et obtenu
votre main, c'est que j'avais cru trouver en vous une
jeune fille réalisant mon idéal. Malheureusement,
après quelques mois de bonheur... car enfin, (se tournant vers elle)... nous avons été heureux!.. je dus
constater que nous n'avions ni les mêmes désirs ni
les mêmes goûts.

SUZANNE.

Dieu merci!

GONTRAN.

Il fallut bien me rendre à l'évidence : j'avais mal

choisi la compagne de ma vie ; en un mot j'avais fait
un marché...

Il s'arrête.

SUZANNE, d'un ton rêche.

Dites-le donc : un marché de dupe !!

GONTRAN.

Ma foi !..

SUZANNE, se levant.

Vous êtes poli !!

GONTRAN.

Eh, madame ! il s'agit bien de politesse entre gens
qui ont gâché leur vie l'un par l'autre et qui n'ont
plus rien de commun que le désir de la recommencer
loin l'un de l'autre. Oui ! nous en sommes là !.. après
un an de mariage !.. Ah ! vous ne m'avez pas laissé
longtemps mes illusions !.. Six mois, six mois tout
juste ! Six mois pendant lesquels je me suis laissé
aller à vous adorer, tout simplement !! (Gestes de Suzanne.) Oh ! vous n'allez pas nier ! Je ne croyais jamais me montrer assez reconnaissant pour tout le
bonheur que j'avais par vous... Ah ! notre voyage en
Italie !.. ces heures d'amour dans un cadre de ver-
dure et de soleil !.. Hélas !.. le voilà loin, l'amour !!

SUZANNE.

Le cadre seul est resté ! L'Italie à vol d'oiseau et à
coup de guide Joanne, l'invariable itinéraire : Nice,
Gênes, Florence, côte d'azur, fleurs parfumées !! Ve-
nise : les gondoles, les lagunes ! (j'y ai attrapé un
joli rhume de cerveau)... Et Naples que j'oubliais !..
son golfe, son Vésuve !! et quel Vésuve !

GONTRAN.

C'est pour moi que vous dites ça ?

SUZANNE, haussant les épaules.

Cette bêtise!.. non, puisqu'il était éteint, lui!. Ah! cet éternel soleil dans ce ciel éternellement bleu! et ces sempiternelles antiquités qu'il m'a fallu visiter pierre à pierre!.. Je m'en souviendrai, moi aussi, de notre voyage en Italie!!

GONTRAN, pincé.

Ma chère, si j'avais pu soupçonner que ce voyage vous déplaisait si fort!!

SUZANNE.

Vous paraissiez si heureux!.. je me serais fait un scrupule de gêner vos émotions rétrospectives devant ces tas de cailloux...

GONTRAN.

Oh! ne discutons pas là-dessus, je vous en prie, nous ne nous entendrions pas.

SUZANNE.

Oui, on sait que vous êtes...

GONTRAN.

Un contemplatif, c'est entendu! un sentimental, un sensitif même!.. Je sais bien que c'est mal porté maintenant, que c'est ridicule, mais, que voulez-vous, je suis comme cela!!.. Tandis que vous, je ne sais pas ce que vous avez dans le cœur : un accessoire de cotillon, un tambour de basque!!.. Ça s'agite, ça danse, ça sonne...

SUZANNE.

Et ça s'accorde mal avec votre guitare!.. Tenez, ce sont là des paroles inutiles!.. D'ailleurs, maintenant que nous avons reconnu que nous ne sommes pas faits l'un pour l'autre, quel besoin d'évoquer les souvenirs de notre...

Elle s'arrête.

2

GONTRAN.

Dites-le!... de notre lune de miel!

SUZANNE.

Si vous voulez!...

GONTRAN.

Tandis qu'aujourd'hui...

SUZANNE.

C'est la lune rousse; n'est-ce pas, c'est ainsi **que** cela s'appelle.

GONTRAN, tristement.

La lune rousse, oui! dernier quartier!

SUZANNE, d'un ton dégagé.

On ferme!!... Au fait!... êtes-vous décidé?

GONTRAN.

A quoi?

SUZANNE.

Vous savez bien!... la gifle... devant témoins.

GONTRAN.

Ah oui!... mais... nous ne savons toujours pas...

SUZANNE.

C'est vous qui me la donnerez.

GONTRAN.

Pardon, mais...

SUZANNE, presque câline.

Voyons!...

GONTRAN, hésitant.

Je vais passer pour un mufle!...

SUZANNE, railleuse.

Ça vous ennuie?...

GONTRAN.

Allons, soit!... mais vous, ça ne... de la recevoir?...

SUZANNE.

Paris valait bien une messe!!

> La nuit commence.

GONTRAN.

Eh bien, c'est entendu!... aussitôt que nous aurons deux témoins!... En attendant je vais écrire à mon avoué.

SUZANNE.

Moi de même; il ne faut pas perdre de temps. (Gontran enlève son pardessus qu'il dépose sur le canapé, va chercher son chapeau qu'il vient mettre sur le pardessus, puis retourne au bureau devant lequel il s'assied. Pendant ce temps, Suzanne est allée frapper sur le timbre qui est sur la cheminée, puis elle vient s'installer au bureau en face de Gontran.) Je ne vous dérange pas?

GONTRAN.

Du tout, du tout.

> Il pousse l'encrier vers elle.

SUZANNE, s'impatientant.

Ah ça!...

> Elle retourne à la cheminée et va frapper sur le timbre.

GONTRAN.

Vous demandez de la lumière?

SUZANNE, redescendant.

Oui.

> Elle revient s'installer au bureau.

SCÈNE V

SUZANNE, GONTRAN, CLÉMENCE.

SUZANNE, à Clémence.

Ah! vous vous décidez?... Apportez la lampe!

CLÉMENCE.

Bien, madame.

Elle sort. Suzanne et Gontran restent un moment à réfléchir, le bout de leur porte-plume aux lèvres.

GONTRAN, écrivant.

Mon cher maître.

SUZANNE, écrivant.

Mon cher maître.

Clémence revient avec la lampe.

SUZANNE, lui indiquant une place sur le bureau.

Ici!... Alors, il est dit qu'il faudra toujours vous sonner deux fois maintenant?

CLÉMENCE.

Madame!... c'est que... mon mari vient de remonter!...

GONTRAN.

Isidore est ici?

CLÉMENCE.

Mais... monsieur se rappelle bien qu'il a permis...

GONTRAN.

Dites-lui de venir me parler... tout de suite! (Il lui fait signe d'emporter son chapeau et son pardessus. Clémence

obéit et sort. — A Suzanne.) Voilà déjà un témoin tout
trouvé !

SUZANNE, dédaigneuse.

Un garçon de café !

GONTRAN.

Je ne peux cependant pas aller chercher le shah
de Perse !

SUZANNE.

Eh bien, soit !... mais il nous en faut deux !

SCÈNE VI

SUZANNE, GONTRAN, ISIDORE.

ISIDORE.

Monsieur me fait l'honneur...

GONTRAN.

Isidore, il faut me trouver tout de suite un de vos
amis, n'importe qui, le commissionnaire du coin,
enfin quelqu'un qui puisse se déranger pendant cinq
minutes pour vous accompagner ici. Il y aura cent
sous pour chacun.

ISIDORE.

J'ai l'affaire de monsieur !... Pinchu !... oui, Pinchu
pourra venir !... Alors, il faudra que je l'introduise...

GONTRAN.

Vous attendrez à l'office avec lui, et quand je sonnerai, vous entrerez ici tous deux !... Allez et dépê-
chez !

ISIDORE.

Bon, monsieur, c'est compris !... (A part.) Cent sous

pour cinq minutes! qu'est-ce qu'il va bien nous faire
faire?

Il sort.

SCÈNE VII

SUZANNE, GONTRAN, puis CLÉMENCE.

*Ils font mine d'écrire tous deux avec acharnement en proté-
geant leur lettre avec leur avant-bras. Au bout d'une demi-
minute leurs plumes se rencontrent au bord de l'encrier.*

GONTRAN.

Après vous!

SUZANNE.

Je n'en ferai rien.

GONTRAN.

Je vous en prie.

SUZANNE.

Hé! vous êtes galant!

GONTRAN.

Je le serai si peu tout à l'heure!... C'est une com-
pensation.

SUZANNE.

Avant la lettre!...

*Elle trempe sa plume dans l'encrier, Gontran l'imite. Ils
se remettent tous deux à faire semblant d'écrire.*

CLÉMENCE, à la porte du fond.

Monsieur! Isidore et Pinchu sont à l'office! ils attendent les ordres de monsieur.

GONTRAN, se levant.

Bon!... je sonnerai!...

Clémence sort.

SUZANNE, se levant.

Le public est prié d'attendre un instant : les artistes ne sont pas encore prêts!

GONTRAN.

Ce n'est guère le moment de faire de l'esprit!

SUZANNE.

N'est-ce pas une comédie que nous allons jouer? Je pense même qu'une répétition ne serait pas inutile ; car enfin, vous ne pouvez pas me la donner de but en blanc, cette gifle!

GONTRAN.

Oh! vous saurez bien faire naître l'occasion!... Je m'en rapporte à vous!

SUZANNE.

Eh bien!... Je suis prête, moi!... qu'attendez-vous?

GONTRAN.

Rien!... (Il va à la cheminée, et se retourne, hésitant.) Alors... je sonne?

SUZANNE.

Parbleu! (La main de Gontran sur le point de toucher au timbre, retombe à côté, hésitante.) Vous ne reculez pas, je suppose?

GONTRAN, irrité.

Reculer, moi!... Dans l'état d'esprit où je suis, je giflerais... je me giflerais moi-même!

Il sonne, puis redescend. Silence prolongé. Graves tous
deux, ils attendent : Suzanne à l'avant-scène gauche,
Gontran à l'avant-scène droite.

SCÈNE VIII

SUZANNE, GONTRAN, ISIDORE, PINCHU,
sa boîte en bandoulière.

ISIDORE, poussant Pinchu.

Entre donc, que j'te dis!

PINCHU, saluant.

Monsieur!... madame!...

ISIDORE.

Monsieur, c'est Pinchu!

GONTRAN.

Asseyez-vous là tous les deux et ne bougez pas!

Sans se presser, Isidore et Pinchu prennent chacun un des fauteuils qui sont à côté de la cheminée et les apportent devant le foyer, côte à côte, face au public. Ils s'y installent, très gauches, très gênés et étonnés, assis sur le bord, les mains à plat sur leurs genoux. Silence. Suzanne qui les regarde tient à grand'peine son sérieux. Tout à coup, elle éclate de rire. Isidore et Pinchu se regardent.

GONTRAN, furieux.

Qu'est-ce que vous avez?

SUZANNE.

Je ris.

GONTRAN.

Il n'y a pourtant pas de quoi.

SUZANNE.

Suis pas de votre avis. Je trouve ça très drôle!

PINCHU, à Isidore.

Elle est gaie, la patronne.

Gontran, haussant les épaules se dirige vers le bureau.

SUZANNE, réfléchissant, à part.

Au fait, il a raison, la situation est grave!

Elle jette de nouveau les yeux sur Isidore et Pinchu,
sourit, se mord les lèvres, mais part d'un nouvel éclat
de rire.

GONTRAN, venant à elle.

Ah! c'est agaçant à la fin!

SUZANNE, à mi-voix.

C'est ça!... vous voilà dans le rôle... C'est le moment? c'est l'instant?...

Elle tend la joue, tout en se préparant à amortir la gifle
avec son bras. Gontran lui tourne le dos et revient au
bureau.

PINCHU, à Isidore.

Enfin qu'est-ce qu'on attend?

Isidore fait signe qu'il ne sait pas.

SUZANNE, à Gontran, méprisante.

Eh bien, vous avez peur?

GONTRAN.

Tenez, c'est vous qui aviez raison de rire!... Tout
cela est très ridicule... (Faisant un signe à Isidore et Pinchu.) Allez-vous en tous les deux!

Isidore et Pinchu se regardent et se lèvent ébahis.

SUZANNE, goguenarde.

Bah!

Isidore se dirige vers la porte. Pinchu, après avoir repris
sa boîte, reste planté sans bouger.

GONTRAN, à Pinchu.

Qu'est-ce que vous attendez, vous?

Isidore, près de la porte, s'arrête.

PINCHU.

Mais... bourgeois!... c'est pour... pour savoir !...
Nos cent sous?

GONTRAN.

Passez par l'office, et dites à Clémence de vous ré-
gler.

PINCHU.

Merci, bourgeois!

ISIDORE.

Merci, monsieur.

PINCHU, allant à Isidore.

Mâtin ! v'là de la bonne ouvrage! pas fatigante,
et bien payée.

ISIDORE.

Viens donc, viens donc!

PINCHU, se retournant.

Bourgeois?

GONTRAN.

Qu'est-ce que vous voulez encore, vous ?

PINCHU.

C'est rapport... enfin, une supposition que vous
auriez encore besoin de moi : Pinchu, commissionnaire
cireur, là, au coin de la rue!... Si j'étais pas là, y a
qu'à s'adresser au café à côté, au café d'Zidore, quoi!

GONTRAN.

Oui, oui.

PINCHU.

Du reste!... (Il tourne sa boîte face au public.) vous
voyez, c'est imprimé sur ma boite : en cas d'absence
du commissionnaire...

GONTRAN, énervé.

C'est bon, c'est bon !

PINCHU.

S'adresser...

GONTRAN.

Je vous en prie, allez-vous en, mon ami.

ISIDORE, prenant Pinchu par la manche.

Allons, voyons, viens donc.

PINCHU.

Enfin, monsieur verra !

GONTRAN.

Dites à Clémence de vous donner un verre de vin.

PINCHU.

Pas d'refus, bourgeois, merci bien.

ISIDORE.

Est-ce que tu vas venir, à la fin ?

PINCHU, levant les bras.

Eh ben, quoi ?

Ils sortent tous les deux par le fond.

SCÈNE IX

SUZANNE, GONTRAN.

SUZANNE.

Il a une bonne tête, le commissionnaire !... (Gontran hausse les épaules)... C'est égal !...

GONTRAN.

Quoi ?

SUZANNE.

Pour un homme vous n'avez guère de courage.

GONTRAN.

J'aurais voulu vous voir à ma place.

SUZANNE.

A votre place?... moi?... je vous garantis que cela n'aurait pas trainé.

GONTRAN, souriant.

Vraiment !

SUZANNE.

Enfin ! tout était convenu, tout était décidé, et au dernier moment, vous... calez !

GONTRAN, ironique.

Charmant !

SUZANNE.

Le mot est français !... Si j'avais été à votre place? ah ! la ! ! !

GONTRAN, sceptique.

Oui, oui, on dit ça !

SUZANNE.

On le ferait comme on le dit.

GONTRAN, gouailleur.

Hé !

SUZANNE, appuyant.

On le ferait comme on le dit.

GONTRAN, souriant toujours.

Si je vous prenais au mot ?

SUZANNE, éclatant.

Oh ! tenez, si vous voulez !... car en ce moment-ci, vous avez tellement bien la figure...

GONTRAN, narquois.

A gifle, n'est-ce pas?

SUZANNE, hochant affirmativement la tête.

Ce serait un soulagement, la gifle partirait toute seule... (Gontran sans mot dire va frapper sur le timbre. Suzanne, un peu surprise d'abord.) Après tout, j'aime autant cela !

GONTRAN, descendant, l'air satisfait.

Attention ! vous allez mettre les torts de votre côté !

SUZANNE.

Tant pis ! ce sera une solution !

SCÈNE X

SUZANNE, GONTRAN, CLÉMENCE.

CLÉMENCE.

Madame ?

SUZANNE.

C'est monsieur qui a sonné.

GONTRAN.

Allez tout de suite chercher votre mari et le commissionnaire.

CLÉMENCE.

Ils sont encore là!... monsieur leur avait dit de prendre un verre de vin.

GONTRAN.

Dites-leur de venir.

CLÉMENCE.

Bien, monsieur.

> Elle sort. Silence. Graves tous deux, ils attendent : Suzanne à l'avant-scène droite, Gontran à l'avant-scène gauche.

SCÈNE XI

GONTRAN, SUZANNE, ISIDORE, PINCHU.

GONTRAN.

Asseyez-vous tous les deux et ne bougez pas.

> Isidore et Pinchu, très à l'aise cette fois, vont s'asseoir sur les deux fauteuils qu'ils occupaient auparavant, et s'y installent confortablement.

PINCHU, à Isidore.

C'est-y pour le même prix ?

ISIDORE.

Sais pas, moi !

PINCHU.

Faut-y demander?

> Il veut se lever.

ISIDORE, le forçant à se rasseoir.

Reste donc tranquille !

GONTRAN, s'avançant vers Suzanne.

Je suis à vos ordres, madame !... (Suzanne, les bras croisés, ne répond pas.) Eh bien?... n'ai-je donc plus ma figure de tout à l'heure?... Voyons!... parlez... dites-moi le jeu de physionomie que vous désirez... celui qui vous inspire... celui qui doit faire partir toute seule... (Suzanne esquisse un mouvement rageur aussi-

tôt réprimé.) Ah ! nous y voici?. . (Il tend la joue.) Allons,
allons, un peu de courage !... Non ?... ce que c'est
tout de même !... on dit bien !... mais quand il faut
agir !

PINCHU, se levant.

Pardon, bourgeois, je vous interromps peut-être...

GONTRAN.

Fichez-moi la paix, vous !

Pinchu, tout penaud, se rassied en regardant Isidore qui
paraît ravi de sa déconvenue.

SUZANNE, heureuse de la diversion, à Pinchu.

Qu'est-ce qu'il y a, mon ami ?

PINCHU, se levant de nouveau.

Dame !... c'est rapport... enfin, c'est pour savoir...
si y a encore cent sous pour nous, quoi !

SUZANNE.

Certainement, certainement.

PINCHU, s'excusant.

On n'est pas riche, madame, on ne peut pas tra-
vailler pour rien.

ISIDORE, le tirant par sa blouse.

Mais assieds-toi donc !

PINCHU, à Isidore.

Les affaires sont les affaires !

Il se rassied.

SUZANNE, à Gontran.

Eh bien, où en étiez-vous resté ?

GONTRAN.

Ma foi !... je ne sais plus !... avec cet imbécile qui
nous interrompt à chaque instant !...

Il cherche.

PINCHU, à Isidore.

De qui qu'y parle donc?

ISIDORE.

J'crois ben qu' c'est de toi.

PINCHU.

De moi!... (Il se lève à demi.) Ça ne serait pas à
faire!... (Réfléchissant.) Après tout... pour cent sous!!

Il se rassied.

GONTRAN, renonçant à chercher.

D'ailleurs! qu'importe où nous en étions!... (Il
s'approche d'elle, à mi-voix.) Vous vous êtes engagée à
me donner une gifle, n'est-ce pas?... Les témoins
sont là!... Oui ou non, voulez-vous me la donner?
(Il attend, puis s'éloigne triomphant.) Ah! je savais bien!

SUZANNE, éclatant.

Qu'est-ce que vous savez?... Je vous conseille de
prendre des airs de triomphe. . Cela vous va bien!!
Il est vrai qu'il ne vous en faut guère, habitué que
vous êtes à vous considérer comme bien supérieur à
tout ce qui vous entoure et à traiter d'imbéciles des
gens qui sont peut-être plus intelligents que vous!

GONTRAN, pincé.

Merci.

PINCHU, à Isidore.

Bien envoyé!... Hein! ça y en bouche un coin!

SUZANNE.

Ah! vous êtes assez infatué de vous-même, assez
prétentieux, et pourquoi, je vous le demande?...
Car, en somme, qu'est-ce que vous êtes? Un inutile,
un désœuvré, bon à rien qu'à boire, manger, dor-
mir, jouer aux cartes et fumer des cigares! Vous de-
vriez être honteux de l'existence vide et nulle que

vous menez, et vous vous permettez de mépriser de braves travailleurs (Elle montre Isidore et Pinchu sans les regarder.) sans cesse courbés sous le poids d'une besogne accablante, et gagnant péniblement à la sueur de leur front, le pain de leurs enfants!

> Depuis le commencement de cette tirade, Isidore et Pinchu, installés bien à l'aise dans leurs fauteuils, se tournent ostensiblement les pouces et bâillent à qui mieux mieux, les coudes sur les bras du fauteuil, les jambes allongées, la tête renversée sur le dossier.

PINCHU, tournant la tête vers Isidore, sans la relever.

T'as des enfants, toi?

ISIDORE, même jeu.

Non!

PINCHU.

Moi non plus!

> Ils reprennent leur attitude première.

SUZANNE.

Tandis que vous, vous avez dormi ce matin jusqu'à dix heures comme tous les jours; vous avez passé deux heures à votre toilette comme tous les jours. Après avoir déjeuné de bon appétit, comme tous les jours vous êtes allé flâner sur les boulevards en fumant d'excellents havanes; vous avez fait un tour à votre cercle comme tous les soirs, et si vous n'y êtes pas retourné après le dîner, c'est par suite d'une circonstance tout à fait indépendante de votre volonté.

GONTRAN.

Pardon, mais...

> Isidore et Pinchu, intéressés, se redressent et deviennent attentifs.

SUZANNE.

Et voilà!... c'est ce que dans votre monde, on appelle la vie, la grande vie qui consiste tout simplement à ne pas vivre. Ce que vous faites, ce que vous dites, ce que vous pensez même, tout cela se peut résumer en un mot : rien, rien, rien !

Elle passe devant Gontran et va à gauche.

GONTRAN.

C'est fini?... A mon tour!... (Suzanne se retourne vivement.) Vous venez de dire « votre monde » en parlant du milieu dans lequel je vis, vous auriez pu dire avec plus de raison « notre monde »!... Vraiment, il y a en vous un fond d'inconscience!... et c'est un comble de vous entendre me reprocher l'inutilité de mon existence! Quelle est la vôtre, s'il vous plaît? Vous vous êtes levée ce matin à midi, comme tous les jours ; après avoir déjeuné de fort bon appétit, vous avez passé trois heures à votre toilette comme tous les jours. Puis, vous êtes allée vous empiffrer de petits fours chez le pâtissier à la mode, ce qui ne vous a pas empêchée d'ailleurs de bien dîner. Vous avez ensuite *papoté* avec les bonnes petites amies, échangé vos vues sur les graves sujets du jour : la délicieuse robe que portait hier au pesage la marquise de Trois-Etoiles et l'amour de chapeau que va lancer demain la célèbre mademoiselle Machin!!

SUZANNE.

Ah ça !

GONTRAN.

Et voilà!... je comprends que vous puissiez parler d'une existence utile! Vous pouvez me reprocher de

fumer des cigares et de jouer aux cartes!!... En tous
cas, j'y dépense moins d'argent!...

Il s'arrête.

SUZANNE, agressive.

Eh bien, continuez!!

GONTRAN.

Oui, je sais!... votre dot!!... Ah! si je ne comptais
que sur vos revenus pour faire face aux notes de la
modiste et du couturier, pour payer tous les bibelots, toutes les futilités dont vous encombrez l'ap-
partement, (Il montre le guéridon.) et pour contenter
toutes les fantaisies extravagantes qui vous passent
par la cervelle!!...

SUZANNE.

Il ne vous manquait plus que de me reprocher...
C'est de bon ton, vraiment!... Aussi bien, je n'en
attendais pas moins de votre délicatesse!

GONTRAN.

Vous dites?

SUZANNE.

Je m'entends.

Elle passe devant lui et va à droite.

PINCHU, à Isidore.

Nous sommes indiscrets, allons-nous en!

ISIDORE.

Mais...

Pinchu se lève, Isidore l'imite. — Gontran, qui est resté
un moment interdit, va vers Suzanne et lui prend le
poignet.

GONTRAN.

Répétez ce que vous venez de dire!

PINCHU.

Viens-nous en que j'te dis... j'connais les usages
du monde... Faut toujours laisser les gens laver leur
linge sale en famille.

ISIDORE.

Cependant!...

PINCHU, l'entraînant.

Motus!... à l'anglaise!... décanillons!

Ils sortent sans que Gontran ni Suzanne s'en aperçoivent.

SCÈNE XII

SUZANNE, GONTRAN.

GONTRAN, impérieux.

Allons, répétez!

SUZANNE, poussée à bout.

Certainement, je répéterai Vous ne m'empêche-
rez pas de dire ce que je pense... Un mari qui re-
proche à sa femme l'argent qu'il dépense pour elle,
n'est pas un homme du monde... Ce n'est ni plus ni
moins...

Elle s'arrête.

GONTRAN, la défiant.

Ni plus ni moins...

SUZANNE.

Qu'un goujat! (Gontran, exaspéré, la gifle.) Oh! lâ-
che!

Gontran aussitôt la gifle donnée recule vivement de quelques pas et reste un moment interdit. Suzanne se laisse
tomber sur le canapé.

GONTRAN, la voix éteinte par l'émotion.

Je vous demande pardon... Suzanne !... Vraiment !... Je ne sais ce qui s'est passé, ç'a été plus fort que moi... Je suis désolé !... Jamais je n'aurais voulu... (Il avance d'un pas vers Suzanne.) Jamais ! oh non, jamais !... Croyez-moi, Suzanne !... (Encore un pas vers elle.) Pardon !... je vous en prie !... Voyons !... (Encore un pas.) Dites-moi quelque chose... un mot... un seul mot qui me prouve !... (Il vient tout près d'elle.) Vous ne voulez pas répondre ?.. Rien ?... (Il fait un geste de découragement et revient lentement vers le bureau.) Qu'ai-je fait, mon Dieu !... comment ai-je pu ?... (Pendant qu'il a le dos tourné, Suzanne le regarde d'un air plus étonné que fâché. Elle tourne vivement la tête à gauche et reprend son attitude de fierté blessée dès que Gontran arrive au bureau, se retourne vers elle et la regarde ; Gontran la contemple un moment en silence, appuyé au bureau.) Après tout, cependant !... n'ai-je pas l'excuse d'avoir été poussé à bout ? M'en avez-vous assez dit ?... Peut-on garder son sang-froid sous le coup d'une pareille injure... et si peu justifiée ! !... (Court silence. Il se laisse tomber sur la chaise devant le bureau). Non, j'ai tort, je suis sans excuse !... Un galant homme ne doit pas se conduire comme je l'ai fait !... C'est indigne ! Vous aviez bien raison, je ne suis qu'un goujat, un rustre, un malotru. (Il fixe sans les voir les papiers qui sont sur le bureau. Suzanne, après avoir coulé prudemment un regard de son côté, le contemple l'air stupéfait comme si elle le voyait pour la première fois. Gontran se lève, Suzanne se retourne à gauche, mais sans brusquerie, cette fois)... Voyons, Suzanne !... (Il vient vers elle.) ne m'en veuillez pas, je vous en prie !... Ç'a été comme un coup de folie... pardonnez-moi !

SUZANNE, se levant, froide mais douce.

Je ne vous en veux pas, mon ami.

Elle passe devant lui et va à droite.

GONTRAN, se méprenant.

Oh ! ne raillez pas, je vous en supplie !.. Si vous saviez la peine que j'ai !

Il se laisse tomber sur le canapé, et y reste, les coudes sur les genoux, la figure dans ses mains. Suzanne le regarde un instant, attendrie mais essayant de vaincre son émotion. Puis, n'y pouvant résister, elle vient lentement, comme à regret, vers Gontran, et restant debout devant lui, lui écarte doucement les mains.

SUZANNE, très douce.

Je ne vous en veux pas, je vous assure.

GONTRAN, ne pouvant y croire.

Sérieusement ?

SUZANNE, souriant.

Sérieusement.

GONTRAN, il se lève et lui prend les mains.

Suzanne !.. vrai !.. vous me pardonnez ? (sans répondre, Suzanne met sa tête sur l'épaule de Gontran.) Quoi !.. tu pleures ?..

Il lui prend la main droite et l'embrasse. Suzanne, soulevant la tête, dégage sa main avec laquelle elle indique la joue frappée.

SUZANNE, souriant à travers ses larmes.

Là !.. effacez !!..

GONTRAN, transporté.

Chérie !.. (Il lui baise la joue.).. Mais, alors ?..

SUZANNE.

J'ai été méchante avec vous.

GONTRAN, gentiment.

Avec vous?

SUZANNE, bas et tendrement.

Avec toi!

GONTRAN, la pressant dans ses bras.

Chère mignonne !

SUZANNE.

Oui, j'ai été méchante, bien méchante !

GONTRAN.

Tout de même, ce que tu m'as dit!

SUZANNE, confuse.

Mon ami !

GONTRAN.

Mauvaise ! !

Il lui prend les mains et s'assied sur le canapé.

SUZANNE.

Tu sais bien que je n'en pensais pas un mot!

Gontran l'attire entre ses genoux et lui passe le bras autour de la taille.

GONTRAN.

Jusqu'à me reprocher mes cigares !.. et à me dire...

SUZANNE, gamine.

Chut !.. c'est fini !

GONTRAN, il la fait assoir sur ses genoux.

Et à me dire que je n'étais bon à rien !

SUZANNE, câline.

Vrai ! je t'ai dit ça?

GONTRAN, lui caressant les cheveux.

Tu ne le diras plus tout à l'heure !

Elle lui ferme la bouche d'une main, puis se lève vivement en entendant frapper.

GONTRAN, se levant.

Entrez.

SCÈNE XIII

GONTRAN, SUZANNE, CLÉMENCE.

CLÉMENCE.

C'est Pinchu qui demande à parler à monsieur.

SUZANNE et GONTRAN.

Pinchu ! !

Ils se regardent.

GONTRAN.

Faites entrer !.. (Clémence sort.) Nous les avions ou-
bliés, ceux-là !.. à quel moment sont-ils partis ?

SUZANNE.

Pourvu qu'ils n'aient pas vu...

GONTRAN.

Et dire que nous les avions fait venir pour ça, pour
voir ! !

SCÈNE XIV

SUZANNE, GONTRAN, CLÉMENCE, PINCHU.

CLÉMENCE.

Entrez, Pinchu !

PINCHU, très digne.

Annoncez !

CLÉMENCE, annonçant.

Monsieur Pinchu !

PINCHU, entrant et saluant.

Madame !.. monsieur !

Clémence sort.

GONTRAN, aimable.

Eh bien, mon brave !

PINCHU.

Je viens voir si monsieur n'a plus besoin de moi.

GONTRAN.

Ma foi ! non... n'est-ce pas, Suzanne ?

Suzanne rit et va s'asseoir sur le canapé.

PINCHU.

Alors, monsieur me permettra... et madame aussi, de leur faire mes offres de service... Chaque fois que vous aurez des commissions à faire, des bagages à porter, un parquet à frotter, et même... un travail comme celui de tout à l'heure, n'oubliez pas l'inchu ! Et puis, si vous voulez être bien cirés, vous savez : une glace, une vraie glace, d'mandez à Zidore. Je me recommande à vous : confiance, célérité, discrétion.

GONTRAN, inquiet, à part.

Discrétion !.. est-ce qu'il voudrait me faire chanter, l'animal ?.. Dites-moi, Pinchu, un renseignement : vous étiez là tout à l'heure avec Isidore : vous êtes sortis tous deux !.. pourquoi ?

PINCHU, embarrassé.

Ma foi, monsieur !..

GONTRAN.

A quel moment êtes-vous partis ?

PINCHU, se grattant la tête.

J'vas vous dire : c'est quand j'ai vu qu'ça se gâtait, sauf vot' respect, entre vous et madame ; alors, j'ai dit à Isidore : nous sommes de trop, allons-nous en !

GONTRAN.

Ah !.. eh bien !.. (Il met la main à son gousset.) qu'est-ce que je vous dois ?

PINCHU.

Mais rien, monsieur, la Clémence m'a tout réglé.

GONTRAN, rassuré.

Bon !.. (A Suzanne.) Il n'a rien vu !.. (A Pinchu.) Tenez, mon ami, voilà encore cent sous.

PINCHU, faisant semblant d'hésiter.

Ben... écoutez, monsieur, j'les prends tout de même, parce que je crois que je les ai bien gagnés : tout à l'heure, vous m'avez traité d'imbécile, et ça m'a vexé, j'vous l'cache pas. Qu'un de mes copains prenne c'te liberté-là avec moi, ça ne tire pas à conséquence !.. mais... un type de la haute ! ! !.. ça m'est resté sur le cœur, quoi ! !

GONTRAN.

Voyons, Pinchu !

PINCHU.

Oh ! c'que j'en dis !.. maintenant on n'y pense plus ! seulement... quoique commissionnaire... vous comprenez... on a sa dignité, pas vrai ?.. Enfin !.. (Il se retire en saluant.) Merci, monsieur !.. madame !.. N'ou-

bliez pas !.. Pinchu !.. (Il montre sa médaille.) le 14...
au coin de la rue !.. une glace, une vraie glace !..

Il sort par le fond.

SCÈNE XV

GONTRAN, SUZANNE.

GONTRAN.

La dignité de Pinchu : cent sous !.. le brave
homme !.. il n'a rien vu !! Certainement, je me ser-
virai de lui à l'occasion.

Il va au bureau.

SUZANNE, riant.

Mais plus pour le même motif !

GONTRAN, prenant sa lettre à l'avoué.

A propos !.. on ne l'envoie pas ?

Il montre la lettre.

SUZANNE.

Qu'est-ce que tu as bien pu lui écrire à l'avoué ?...
montre un peu !

GONTRAN.

Ah ! non !.. je dis trop de mal de toi là-dedans !..
Il s'avance vers Suzanne, sa lettre derrière le dos.

SUZANNE.

Montre toujours, dis !

GONTRAN.

Eh bien !.. quand tu m'auras montré la tienne.

SUZANNE.

La mienne !.. (Elle se lève.) tu veux la voir !.. (Elle

se précipite au bureau et revient vers Gontran, lui tendant sa lettre.) Tiens!!

GONTRAN, prenant la lettre et lisant.

Mon cher maître !.. et c'est tout ?

SUZANNE.

La tienne, maintenant.

GONTRAN, taquin.

C'est que... je ne sais si je dois...

SUZANNE, impatiente.

Voyons... ça n'a plus d'importance.

GONTRAN.

Hé ! hé !..

Il s'assied sur le canapé.

SUZANNE.

D'abord, tu me l'as promis.

GONTRAN.

Je sais bien... mais...

SUZANNE, trépignant et boudeuse.

Je la veux, na!!

GONTRAN.

Oh! alors!.. tenez, curieuse !

Il lui donne la lettre.

SUZANNE, lisant.

Mon cher maître!.. (Elle tourne la lettre dans tous les sens et ne voit rien autre)... Oh! que tu es gentil!

Elle saute au cou de Gontran en s'asseyant sur ses genoux.

GONTRAN.

Tu vois ! (Dix heures sonnent à la pendule)... Dix heures !!

SUZANNE, se levant, anxieuse.

Tu vas au cercle, ce soir?

GONTRAN, railleur.

Dame !.. ça dépend !!.. tu vas au théâtre ?

Ils se regardent, puis éclatent de rire. Gontran va frapper sur le timbre et redescend.

SUZANNE, mettant la tête sur l'épaule de Gontran.

Hein !.. étions-nous bêtes?.. Que de temps perdu depuis six mois!

GONTRAN.

Nous allons le rattraper !

Ils s'embrassent.

SCÈNE XVI

SUZANNE, GONTRAN, CLÉMENCE.

CLÉMENCE, les regardant.

Ben !.. vrai ! !

GONTRAN.

Nous ne sortirons pas ce soir, Clémence, vous pouvez aller vous coucher.

CLÉMENCE.

Bien, monsieur !.. faut-il emporter la lampe ?

GONTRAN.

Oui!. (Clémence sort. Gontran vient vers Suzanne les mains tendues.) Ma Suzanne !..

SUZANNE.

Mon cher petit mari !

Ils s'embrassent.

CLÉMENCE, revenant avec deux bougeoirs allumés.

Encore !.. eh ben !.. voilà du nouveau ! !

Elle donne un bougeoir à Gontran, l'autre à Suzanne et sort en emportant la lampe.

GONTRAN, se détournant à droite.

Il n'y en a besoin que d'un.

SUZANNE, se détournant à gauche.

Il n'y en a pas besoin de deux.

Ils soufflent tous les deux leur bougie au même instant.

GONTRAN, riant.

Tiens !

Il va poser son bougeoir sur le bureau pendant que Suzanne place le sien sur le guéridon. La chambre n'est plus éclairée que par un rayon de lune qui arrive par la fenêtre qui est à gauche.

SUZANNE, éclatant de rire.

Heureusement que la lune donne ! !

GONTRAN, attirant Suzanne dans le rayon de lune.

La lune rousse ?

SUZANNE, tendrement.

Non !.. l'autre ! !

Ils se dirigent amoureusement enlacés vers la porte, troisième plan gauche.

Rideau.

Imprimerie Générale de Châtillon-sur-Seine. — A. Pichat.

A LA MÊME LIBRAIRIE

Dernières nouveautés pour salons et sociétés

	H.	F.	Prix.
Accident de bicyclette, comédie	2	»	1 »
Affaire Boreau (L') comédie	3	»	1 »
Aimable lingère (Une) comédie	4	2	1 50
Anglais tel qu'on le parle, comédie	6	2	1 50
Au diable ces étudiants comédie	1	1	1 »
Bisbis de ménage, comédie	1	2	1 »
Cambrioleur (Le), comédie	5	»	1 »
Chanoinesse (La), comédie	»	4	1 »
Chapeau du commissaire (Le) comédie	5	»	1 »
Cher maitre, comédie	2	5	1 »
Chez l'avoué, comédie	3	»	1 »
Chez la Princesse, comédie	7	»	1 »
Chez la somnambule, comédie	3	»	1 »
Chez le ministre, comédie	3	2	1 »
Consolateur (Le), comédie (costumes Louis XVI)	2	2	1 50
Consultation de 1 h. à 3, comédie	1	1	1 »
Correspondance (La) comédie	4	2	1 »
Contre-appel, bouff. milit	6	2	1 50
Dans la grande roue, comédie	1	1	1 »
Dans le bleu, comédie	2	3	1 50
Droit des époux, comédie	2	2	1 50
Fleur d'antichambre, comédie	2	1	1 50
Franches lippées, comédie	3	3	1 50
Goberon, comédie	5	2	1 50
Ici on ... ie, comédie	3	2	1 »
Idée de ...tante (Une) comédie	1	2	1 »
Jeu de l'amour et du bazar (Le), comédie	1	2	1 50
Je vais m'en aller, comédie	1	1	1 »
Lézard (Le), comédie,	»	2	1 »
Limaçon (Le), comédie	1	2	1 »
Loreau est acquitté, comédie	2	2	1 50
Madame Bigarot n'y tient pas, comédie	3	3	1 50
Madame et M....	1	1	1 50
Mademoiselle est sortie	1	2	1 50
Marie-Antoinette et son cercle (costumes du temps) comédie	»	7	1 »
Mariage d'amour, comédie	1	1	1 »
Mariage d'inclination, comédie	»	2	1 »
1807, comédie	4	3	1 50
Mon noyé, comédie	2	1	1 50
Notre candidat, comédie	1	2	1 »
Œil de verre (L'), comédie	1	2	1 50
Par devant notaire, comédie en vers	1	1	1 50
Pardon bien gagné (Un), comédie	2	2	1 »
Pas de politique, comédie	»	2	1 »
Pelote (La), comédie	3	»	1 »
Petit bleu de la cousine (Le), comédie	»	3	1 »
Poulailler (Le) comédie	2	6	1 50
Prix de vertu (Le), comédie	4	4	1 50
Quatorzième convive (Le), comédie	2	2	1 »
Serment d'Yvonne (Le), comédie	2	2	1 50
Seul !... enfin, comédie	1	1	1 »
Signal d'alarme, comédie	1	1	1 »
Snobinette, comédie	2	1	1 »
Terrible affaire, comédie	5	»	1 »
Totote, comédie	»	2	1 »
Vrai courage (Le), comédie	5	»	1 »

IMPRIMERIE GÉNÉRALE DE CHATILLON-SUR-SEINE. — A. PICHAT. 1091.